Quello che di voi vive in me

Vincenzo Berghella

Copyright Page

Copyright year: 2009

ISBN No: 978-0-578-01732-7

Dello stesso autore:

(tutti disponibili anche su www.amazon.com)

- **Obstetric Evidence Based Guidelines. Informa Healthcare, London, UK, and New York, USA** (2007) [Inglese]

- **Maternal Fetal Evidence Based Guidelines. Informa Healthcare, London, UK, and New York, USA** (2007) [Inglese]

- **Laughter, the best medicine. Jokes for everyone.** www.lulu.com (2007) [Inglese]

- **Ridere, la migliore medicina. Barzellette per bambini.** www.lulu.com (2007) [Italiano]

- **My favorite quotes.** www.lulu.com (2009) [Inglese]

- **In medio stat virtus – Citazioni d'autore.** www.lulu.com (2009) [Italiano]

Indice

A mamma e papà.

Per il 50° anniversario del loro amore.

Introduzione

Ho avuto tutto dalla vita: felicità, amore, soddisfazione professionale, fama, soldi, ecc. Tanto di tutto questo è dovuto a due persone, mia madre Tita Tortorici e mio padre Andrea Berghella. Essendomi trasferito a 19 anni negli USA, lontano da loro in Italia, ho avuto meno tempo di altri di dimostrargli da vicino il mio affetto, e la mia riconoscenza.

Ci sono molti modi di dimostrare affetto. Il fatto che io non possa amarli essendogli fisicamente vicino giornalmente non vuol dire con non li ami con tutto me stesso. Questo è uno dei miei modi di dimostrarglielo. Dare amore è meglio che riceverlo. Io da loro ne ho ricevuto tanto. Li ringrazio ancora una volta per darmi l'occasione di esternare il mio, un fiume in piena, con questa raccolta di pensieri, che gli dedico. Mi perdonino, perché senz'altro ho dimenticato tantissimi dei loro insegnamenti, o forse alcuni non li ho mai recepiti. Meglio pochi ma buoni.

Spero che questo libro li convinca di quanto hanno lasciato a me e alle prossime generazioni, cioè i miei figli e quelli che saranno i loro figli, se Dio vuole. Noi continueremo ad averli per sempre nel nostro cuore, anche perché con il tempo apprezzeremo sempre piú quello che hanno fatto e quello che hanno rappresentato per noi. Li emuleremo, parleremo con loro, ben oltre il momento in cui diventeranno angeli bianchi. E intanto, festeggiamo quello che abbiamo avuto, abbiamo, e avremo ancora in un futuro che mi auguro sia sano e lungo.

È difficile capire quello che sia genetico e quello che sia 'ambientale'. Cercherò di capire se sudo perché sono programmato a farlo dal mio DNA o perché mamma mi metteva sempre le cannottiere di lana! Sono sempre stato un po' ossessionato da questi ragionamenti. Spesso mi domando come mai faccio certe cose: colpa di mamma o di papà? – ma altre volte, molto piú spesso: merito di mamma o di papà?

Non me ne vogliano di averli uniti in questo libro: la decisione di unirsi (e poi fare me) è stata la loro, e quindi li tengo accoppiati anche in queste pagine, visto che io sono l'1 dei 2.

Vorrei fare una similitudine con uno dei film piú belli che abbia mai visto, "La vita è una cosa meravigliosa", con James Stewart. Il messaggio di quel film è che non è importante arrivare a determinati traguardi nella vita (successo, fama, soldi, ecc.). Senza accorgercene, influenziamo la vita delle persone che 'incrociano' la nostra vita. Questa influenza è spesso basata sull'episodio: per esempio possiamo schivare con la macchina una persona che ci attraversa la strada distrattamente, e salvarle la vita, anche se questa persona non si è mai accorta del pericolo. Ma possiamo anche influenzare quella persona con il nostro solo comportamento, magari neanche diretto a quella persona, ma da lei solo osservato.

Ho imparato tantissimo anche solo stando vicino alla mia mamma e al mio papà, osservandoli, sentendoli discutere con amici, vedendo che decisioni prendevano nella vita, come si comportavano con gli altri, quali erano i loro sogni e le loro debolezze, le cose che ammiravano e quelle che ammiravano gli altri. Che fortuna avere dei modelli da emulare. Da figlio, ora adulto, mi rendo conto che non sono che il 'prodotto' di due magnifiche persone.

Da loro ho assorbito piú che da chiunque altro, in maniera spropositatamente enorme rispetto a qualunque altra terza persona nei miei primi vent'anni. Ora che sono genitore, mi rendo conto del grande dono che ho ricevuto ad avere modelli cosí encomiabili, cosí invidiabili. E mi rendo conto della grande responsabilità che si ha come genitori verso i figli. Tanti dei nostri successi sono merito dei nostri genitori.

Vincenzo Berghella

Storia della famiglia

Per comprendere bene una persona, non basta conoscerla: bisogna anche ricercare le sue origini, i suoi genitori e parenti, l'ambiente in cui è nata e quello in cui è cresciuta. Il carattere e l'io di una persona si formano soprattutto nei primi anni di vita, in particolare i primi 10, 12. Come loro hanno 'plasmato' me, con le parole ma soprattutto con l'esempio, loro sono stati plasmati dalla loro famiglia. Mi sembra giusto quindi descrivervi, brevemente, la storia dei miei, cosí da aiutarvi a comprendere meglio come siano arrivati ad essere quello che sono.

Papà

Mio padre, Andrea, nasce il 20 aprile 1931, ariete, a Sant'Apollinare Chietino, un paesino di 800 abitanti adagiato su una collina a 20 chilometri dal mare. La famiglia Berghella fa risalire i suoi antenati fino a circa 10 generazioni fa, quando un alto ragazzo olandese, biondo con gli occhi azzurri, venne a stabilirsi in questo splendido angolo d'Abruzzo. Il suo cognome, Van den Berg, venne italianizzato in Berghella. La radice tedesca Berg significa montagna, o anche foresta. I suoi caratteri chiari e la sua altezza si trasmetteranno di generazione in generazione.

Gli antenati Berghella erano una famiglia di lavoratori della terra, di contadini. Le risorse agrarie di queste parti sono da sempre il vigneto (chiamato 'la capanna') e l'uliveto. Vista la zona collinare, sempre in discesa o in salita, e il terreno sassoso, vivere dei frutti di questa bellissima terra richiede immensa fatica e impegno. Per quanto si è potuto appurare, l'alternarsi dei nomi Andrea e Vincenzo dai padri ai figli maschi si tramanda da almeno 6 generazioni.

Del nonno di Andrea (quindi un altro Andrea Berghella, 1874-1945) si racconta che sposò una donna in gamba e ricca, di origini napoletane, Maria Giuseppa 'Peppa' Santobuono (1878-1965), che lo aiutò notevolmente a espandere il patrimonio di famiglia, fatto di proprietà terriere e del ricavato dei loro prodotti. Ebbero 6 figli, di cui il primo fu chiamato Vincenzo (1896-1963). Le famiglie degli altri 5 hanno purtroppo avuto pochissimi contatti con me (Vincenzo Berghella, 1964-), e sono ora perlopiú a Lanciano e a Roma.

Nonno Vincenzo (Vincenzo Berghella, 1896-1963), proprietario terriero, iniziò un import-export di prodotti agricoli, prima localmente, poi dal sud Italia fino al nord e alla Germania, con i treni. Questo lo rese ricco, forse il piú benestante del paese, e lo portò a essere spesso lontano da Sant'Apollinare. Aveva spesso in tasca centinaia di migliaia di lire in contanti, cifra elevatissima per l'epoca. I viaggi aiutarono la sua grande passione, in cui eccelse: la conquista dei membri del gentil sesso. Si dice abbia avuto molte amanti, e anche alcuni figli illegittimi, ma il tempo e 'l'omertà' generosa della gente delle sue parti hanno contribuito a seppellire i segreti dettagli di queste sue avventure. Chissà quanti cugini sconosciuti ho. Alla morte di sua moglie Italia (1895-1954), addirittura tentò di risposarsi, cosa non comune allora: il figlio Andrea, mio padre, gli fece cambiare idea.

Col padre, costruí la villa di famiglia, al centro di Sant'Apollinare, a due piani, con camere grandi, dai soffitti alti, e il bagno fuori casa, sul grande balcone. Sotto, la grande cantina, dove si dice Peppa amava farsi qualche bevuta di buon rosso. Le uve piú usate da queste parti sono le varietà Italia, Pergolone, Trebbiano, Cococciola, Malvasia e Montepulciano. Dall'altra parte del giardino c'era il grande magazzino, ora adibito a garage e ripostiglio. Entrandoci, però, si può immaginare com'era a quei tempi: una lunga distesa di tavoli dove venivano portate l'uva, le olive e varia frutta e verdura per venir pulite, preparate, lavorate, messe nelle cassette di legno per essere poi spedite, vendute, o solo messe da parte per uso famigliare futuro.

Italia, sua moglie, era anch'essa di Sant'Apollinare. Il suo cognome, Catenaro, è tra i due piú comuni di questo paese; l'altro è Berghella. Si dice di lei che fu una donna molto forte, che crebbe spesso da sola i suoi due figli, Lorenzo (1925-92) e Andrea (1931-). Ebbe anche un altro figlio, un altro Andrea, nato dopo Lorenzo, e morto a 2 anni di 'dissenteria'. Chissà quale fu veramente la causa della sua morte.

I geni del carattere deciso e dell'altezza di Peppa passarono al figlio Andrea. Nato a Sant'Apollinare, la sua giovinezza passò prima spensierata, nella pace di un paesino sereno dove sei il figlio della famiglia piú in vista, e dove tuo fratello Lorenzo si preoccupa di avere il ruolo del bambino pestifero e disubbidiente. Per quanto Andrea fosse anche lui uno spirito fiero e non sempre ligio alle raccomandazioni materne, passava sempre per il figlio 'meno lazzarone'. Il nonno Andrea lo ha sempre adorato apertamente, cosí come la madre Italia. Il suo carattere aperto, la sua innata simpatia, lo fanno amico di tutti gli abitanti del paese. Passa giornate intere fuori all'aperto, a volte in groppa a un asino, a volte a una bicicletta. Mangia a casa degli altri compaesani, o in campagna. Sono questi gli anni piú belli, che lo legano per sempre, fortissimamente, a questa terra.

I suoi anni della giovinezza sono anche segnati dai ricordi di guerra. Aveva dai 9 ai 14 anni tra il 1940 e il 1945. Una parte importante della guerra passò da Sant'Apollinare. La collina su cui poggia si affaccia sul Moro, ora un fiumiciattolo, ma confine di guerra per piú di un anno. La loro casa fu prima il quartier generale dei tedeschi, poi, una volta fuggiti questi, degli americani. I tedeschi li scacciarono di casa, e li costrinsero a vivere per 6 mesi circa in una delle caverne circostanti. L'altezza della volta non sorpassava il metro e venti. L'umidità era altissima. Una volta bombardata la casa e scacciati i tedeschi, anche gli americani fecero della loro casa il quartier generale. La situazione migliorò. I tedeschi si erano rifugiati piú a nord, dall'altra parte del Moro, e i due fronti si scambiavano spesso cannonate.

Andrea visse tra munizioni esplose e non esplose, sigarette e altri piccoli doni degli americani, la scuola a sgoccioli, la vita precaria in cui però solo un ragazzino sa meglio destreggiarsi e sopravvivere. Suo padre Vincenzo, che aveva intanto nascosto i suoi soldi, tanti, in un'altra grotta, una volta finita la guerra, tornato alla grotta, trovò tutto il contante bruciato. Forse la storia di questa famiglia sarebbe stata diversa senza questo incendio avvolto dal mistero.

Andrea visse l'adolescenza a Pescara, dove la sua famiglia si trasferí, fors'anche per permettere ai figli di andare a scuole migliori di quelle di Sant'Apollinare. Pescara, la piú grande città della regione, sul mare, in ricostruzione dopo essere stata rasa al suolo durante la guerra, era il massimo nella zona per quell'epoca e quella famiglia. La casa in via Firenze, al centro, fu dove Andrea passò gli anni dell'adolescenza, culminati nei cinque passati a frequentare il Liceo Classico 'G. D'Annunzio'. Andrea non era portato allo studio del greco e del latino. Le nozioni astruse dalla realtà del presente non erano per lui.

Al liceo cresce. A Sant'Apollinare era soprannominato 'mizzone', cioè mozzicone di sigaretta. Si trasforma adesso in un giovane di 1.86, altissimo per l'epoca, il piú alto, e di tanto, nella foto di classe. Infatti lo si vede che si spinge in avanti e si abbassa quando viene scattata la foto, come a facilitare il fotografo ed entrare tutto nella fotografia. Con la media del sei scarso, si diploma. Le sue passioni sono il canottaggio sul fiume Pescara, che rende i suoi bicipiti di ferro, e le ore passate con gli amici di via Firenze.

Suo fratello intanto sta completando gli studi in medicina a Bologna. Il futuro del giovane Andrea è anche per lui l'iscrizione a medicina. Al suo arrivo a Bologna, tardi, di notte, suo fratello neanche c'è. Il suo primo incontro è con il conduttore dell'autobus, che ascolta da confidente le disavventure di una prostituta. Andrea in poco tempo diventa un uomo. Da Sant'Apollinare a Bologna, cioè ad una vita adulta fino allora sconosciuta.

Vive alla casa dello studente, ed è amico di tutti. Sorprendentemente, ma solo per quelli che non conoscono a fondo il suo intelletto e la sua determinazione, studia molto e con profitto. Capisce che medicina sarà la sua vita e il suo sostentamento, e non vuole mancare all'appuntamento con un destino di prestigio per sé e la sua famiglia.

Nel tempo libero che gli rimane, diventa un rubacuori: alto, occhi verdi, educato e di bella presenza, quasi medico, quest'attività gli riesce facile, forse anche perché è un'arte di famiglia. Nel 1959, vestito con un abito a quadrettini bianchi e neri, con a fianco la fidanzata, conoscerà quella che sarà sua moglie, Concetta Maria Pierina Tortorici.

Mamma

La famiglia di mamma, cioè Concetta Tortorici, detta 'Tita', non potrebbe essere più differente da quella del futuro marito. Suo nonno Niccolò ('Totò', 1876-1940), figlio di Vincenzo, era un grande proprietario terriero di Mazara del Vallo, provincia di Trapani. Mazara è nella zona a sud-ovest dell'isola, la parte d'Italia più vicina all'Africa, il porto con più scambi con il continente a sud. La famiglia Tortorici non è nobile, ma è come se lo fosse, visto che il suo status di alta borghesia le rende possibile la continua frequentazione con marchesi, conti, baroni, e anche principi e principesse. Non sono certo contadini. Sono proprietari di Bonfiglio, una grande proprietà dove centinaia di lavoratori producono ogni bendiddio che può offrire questa terra meravigliosa, baciata dal sole e bagnata dal mare.

Niccolò è il primo di sei figli, e presto eccelle: laureato in legge, diventerà deputato a Roma, e ministro della Marina nel governo Giolitti. Nei racconti dei suoi discendenti questi anni sono velati di mito, dato il grado sociale raggiunto e i suoi privilegi. La prima macchina del circondario fu la loro. C'è una strada a Trapani intitolata a lui. Niccolò ebbe da sua moglie Pierina Maiale 8 figli, dei quali il primo maschio, Vincenzo, sarà il padre di Tita, mia madre.

Le cinque figlie crescono studiando il francese e frequentando il bel mondo, anche a Roma, dove vanno in una carrozza-treno privata, accompagnate da cuoca, maggiordomo, insegnante di francese, domestica, ecc. Tutte speranzose di sposare un principe, se ne sposerà solo una, praticamente 'scappata' con un notaio. Le sorelle maggiori ancora non erano sposate, e l'etichetta del tempo avrebbe voluto che nessuna delle figlie minori si sposasse se non dopo quelle maggiori. Quindi, visto che la prima figlia femmina, zia Vera (Primavera), non riuscí ad 'accalappiare' un partito degno di lei, 3 delle 4 sorelle minori non si poterono sposare. Una di queste, la piú piccola, Bebbe, fece da cameriera alle piú grandi, soprattutto quando queste si fecero vecchie, malgrado lei avesse uno spasimante che le mandò i fiori fino a tarda età. La piú intraprendente delle 5 sorelle, Rosa, scappò con un notaio, si sposò, e fece 7 figli.

Il primogenito Vincenzo Tortorici (1904-1984), padre di mia madre Tita e quindi mio nonno, è, degli otto figli, quello con il carattere piú forte. Studia agraria, visti gli interessi di famiglia. Ma forse lui, forse la famiglia, si rendono conto ad un certo punto che l'era dorata della ricchezza, del latifondo, delle frequentazioni nobili, è passata. Si dice che il padre Totò scialacquò le ricchezze di famiglia tra lussi e amanti. Vincenzo quindi intelligentemente decide di intraprendere la carriera bancaria, e coraggiosamente di andare in continente. Diventa direttore del Banco di Napoli a Pescara.

È l'unico dei quattro nonni che ho mai conosciuto, e amavo sentigli raccontare le storie del passato. Come tutti i nonni, con noi nipoti aveva perso i lati piú aguzzi del carattere, e ci voleva bene. Non so se ho ripreso il coraggio di vivere fuori dall' ambiente natio da lui, o il gusto di viaggiare dall'altro mio nonno Vincenzo (Berghella), che viaggiava sempre per commercio ortofrutticolo.

Vincenzo Tortorici sposò Anna Sergi Fulco (1911-1960), purtroppo morta prematuramente d'asma. Era l'unica dei nonni che aveva talento musicale, e suonava il piano. Da lei vengono tenerezza, forse anche sottomissione, ubbidienza, e orgoglio. E tanto amore materno per la primogenita, mia madre Concetta

Maria Pierina detta Tita (1938-), e per la figlia piú piccola, mia zia Piera (1940-).

Tita nasce a Pescara su un tavolo di marmo a casa. Ha forti radici del sud, visto che il padre è siciliano e la madre calabrese di Reggio, e lo si vede nei suoi stupendi colori di pelle, capelli, occhi. I suoi ricordi piú belli sono le estati in Sicilia, con i cugini. Mentre mio padre ha libertà di andare in paese dove vuole, lei, anch'essa spirito estroverso e forse ancora piú compagnone di papà, viene sgridata e punita per essere andata su un motorino con un cugino.

È brava a scuola, una primogenita di cui esser fieri. E diventa anche bellissima: ancora minorenne, arriva ad essere Miss Cinema a Pescara, ma il padre le impedisce di proseguire oltre. Fa innamorare i ragazzi, e ogni tanto se ne innamora lei. Pur rimanendo a Pescara, si laurea in giurisprudenza a Roma, dove fa solo gli esami. Per il resto, è sotto il controllo del padre.

A Pescara infatti cresce all'ombra del padre e al sole della madre. Il padre è un padre padrone, con le figlie e purtroppo anche con la moglie. Non è un matrimonio felice, e le figlie ne risentono. Nonno Vincenzo Tortorici ha le qualità di essere lavoratore e risparmiatore. Con un modesto stipendio, lascerà numerosi appartamenti alle figlie. Ma non esterna i sentimenti, è 'duro'. La moglie Anna cerca di difendere e coccolare le figlie. Ma muore presto, a 48 anni, lasciando mia madre sola con il padre. Infatti la sorella piú piccola, zia Piera, si fidanza e poi si sposa giovanissima, lasciando una casa dove è difficile essere sereni. Mia madre continua l'università, e cerca di divagarsi con gli amici, ma non è facile. Meno male che rimane fulminata dalla giacca a quadretti bianca e nera del mio futuro papà.

Quello che di loro vive in me

Fisicamente

È difficile dire a chi uno rassomiglia. Mio figlio Andrea è fisicamente molto simile a mia moglie Paola, e forse ancor di piú ai genitori di Paola. Durante le vacanze di Natale 2008, però, guardando tutti insieme le foto messe da parte da mia madre, abbiamo trovato delle foto di mio fratello Michele all'età di circa 11 anni, la stessa età di Andrea: uguale! Anche Andrea credeva che quella era una foto sua, non di suo zio.

Siamo sottoposti, soprattutto da piccoli, a decine di parenti e amici dei nostri genitori che ci guardano, ci baciano, ci pizzicano le guance, e poi sentenziano: "Tutto sua madre", o "Tutto suo padre". A seconda di chi sia il nostro genitore favorito, questi giudizi ci rendono o furiosi (anche per il dolore sulla guancia dal pizzicotto) o orgogliosi. Io sarei stato contento comunque, e non mi lamentavo neanche dei pizzicotti, in fondo mi faceva piacere che qualcuno mi notasse, anche a costo di provar dolore. Comunque direi che l'80% delle volte queste persone, spesso a me sconosciute, dicevano che fisicamente assomigliavo a mamma. Crescendo qualcuno notava l'altezza, senz'altro di papà, ma i miei colori erano siculi e materni.

Anthony De Mello ha detto che quello che si definisce 'me stesso' è solo un conglomerato delle esperienze passate, di condizionamenti, di pianificazioni. Ma molto, dico io, è genetico. Ci si potrebbe sezionare pezzo pezzo e chiedersi: "Allora questo viene da papà, questo da mamma, questo da nonna, questo dal nonno." Io ho conosciuto solo uno dei miei quattro nonni, e non mi rivedo nei miei due zii 'di sangue'. Mi sembra naturale quindi che, quello che sono, lo rivedo soprattutto nei miei due genitori.

Quello che vi riporto sono le mie impressioni, dopo 45 anni di commenti degli altri, ma soprattutto dopo aver sommato a questi le mie impressioni. Mi guardo poco allo specchio, e quando lo faccio sono concentrato a non tagliarmi la faccia con la lametta, non a capire da chi vengono i miei lineamenti. Però con gli anni si scoprono sul proprio viso e sul proprio corpo cose che da piccoli si erano notate nei genitori. E quindi vi riporto le mie impressioni sul fatto che, ne sono certo, sono figlio di mamma e papà.

Tra l'altro noi stessi non siamo mai veramente una persona sola. Ognuno di noi è una miriade di persone. C'è per esempio il Vincenzo che penso sono io, quello che mia sorella crede essere me, quello che mio fratello ha in mente, ecc. Sono molto simili, ma certo non esattamente gli stessi. "Uno nessuno e centomila", come diceva Pirandello. Magari un naso può sembrare di papà, poi invece, con un'altra espressione del viso, di mamma. Ma ci sono delle cose che secondo me sono state tramandate piú o meno uguali, proprio delle sequenze di nucleotidi di DNA che sono passate da una persona all'altra intatte. Ecco quelle che credo siano arrivate a me.

Mamma

Di mamma ho i colori, che forse piú di altre cose rappresentano quello che uno è. Abbiamo la <u>carnagione scura</u>, piena di melanina, che ci rende facilmente abbronzabili. Alcuni dei soprannomi che mi hanno appioppato, soprattutto da giovane, sono 'Nero', 'Negro', 'Kunta', 'Cioccolato', Yannick', 'Sterling', 'Nerone', 'Niger', 'The Chief' (Robert Parish), 'Ciockly'. Io non ho mai notato veramente che io e mamma siamo cosí scuri di pelle, comunque dev'essere vero, dato quello che pensano gli altri. Io ne sono stato sempre fiero. In giro per il mondo, mi sono sentito a mio agio nel mondo arabo, latino americano, in Asia, un po' dappertutto, visto che mi hanno scambiato spesso per argentino, indiano dell'India, egiziano, ecc. ecc. Tutto questo ti fa sentire un po' cittadino del mondo. I biondi sembrano essere solo in nord Europa, noi scuri siamo dappertutto, e siamo gli uomini originali, venuti piú di 50.000 anni fa dall'Africa, da dove probabilmente viene il colorito dei miei antenati materni della Sicilia. Mamma ha sempre detto che c'era dell'arabo nella sua famiglia.

I <u>capelli neri</u> sono anche di mamma. Ricci, duri, un po' ribelli, li abbiamo uguali. Certo lei li ha sempre portati lunghi, io adesso non ce li ho quasi piú (come suo padre). Sia i miei, e un po' piú i suoi, come quelli di suo padre, pian piano stanno diventando bianchi, ma mi rassicura il fatto che fino a 70 (lei) o 80 (suo padre quando è morto) i capelli neri c'erano ancora, diciamo una risicata maggioranza su quelli bianchi. Senz'altro al mondo i capelli neri sono i piú diffusi, visto che ce li hanno cinesi, indiani, la maggior parte degli altri asiatici, sud-americani, ecc. Io questa riflessione l'ho fatta per la prima volta... oggi, ora. In Italia soprattutto, avere i capelli neri non è cosí comune, e mi sono sempre piaciuti. Non mi ripeterò su tutti i caratteri che analizzerò, ma tutto quello che di voi vive in me mi piace. Ne sono orgoglioso.

Gli <u>occhi marroni</u>, in tinta con il resto, sono anche di mamma. In tante mi hanno detto che, vicino l'iride, ho del verde, pochino pochino, e quello deve venire da papà, ma i miei occhi sono senz'altro marroni. Magari fossero buoni come quelli di mamma.

Senz'altro ho tante altre caratteristiche fisiche di mamma. A volte difficili da paragonare. Lei è una donna, e io un uomo (ma va?) con dosi ormonali diverse. Io nella vita ho fatto molto sport. Quando ero piccolo non le studiavo le gambe o le spalle. Non posso quindi raffrontare, che so, il suo e il mio collo a 20 anni di lei e a 20 di me. Poi alcune cose vengono dai nonni, o da altri avi. Per esempio mio figlio Andrea ha una voglia sul dorso uguale al padre di mia moglie, nonno Pietro, ma mia moglie non ce l'ha. Tre dei miei quattro nonni sono morti prima che nascessi. Tante cose senz'altro le avrò riprese da loro. E poi è anche vero che ogni essere umano è un individuo a sé. Anche i clonati, in futuro, saranno simili ad un altro, ma non uguali. Cosí come anche i gemelli omozigoti, cosiddetti identici, quasi sempre hanno caratteristiche proprie.

Si va anche per esclusione. Per esempio per i miei <u>arti inferiori</u>. Le mie <u>gambe</u> sono lunghe, ma non sono quelle di papà, piú affusolate ed ancora piú lunghe, in proporzione al corpo. Saranno di mamma? Ho dei cosciotti muscolosi (tanto calcio) e non snelli, come li ha papà. Il mio sedere, come quello di mio figlio Pietro, è piú morbido di quello di mia moglie e di nostro figlio Andrea. Da dove viene la consistenza del mio sedere? Devo ammettere che non ho mai toccato, o pensato di toccare, il sedere di papà o mamma.

Quando vado dal medico, è sempre contentissimo della mia pressione arteriosa. Ho la <u>pressione bassa</u>, dice, per uno che lavora cosí tanto ed è esposto a tante responsabilità, che potrebbero causare stress. Mamma ha sempre avuto la pressione bassa, che ancora oggi le causa a volte debolezza (a me no). Papà prende anti-ipertensivi.

Ho preso qualcosa senz'altro anche da parte del padre di mia madre, Vincenzo Tortorici. È l'unico nonno che ho conosciuto, essendo morto a 80 anni quando ne avevo 18. In particolare, la <u>peluria</u> sugli avambracci. Mamma dice che toccare il mio braccio, per via dei peli, è come toccare quello di suo padre. Mi commuove quando mi tocca lí, e sembra come chiudere gli occhi, ricordare suo padre. Devo ammettere che mi crescono, dopo i quarant'anni, un po' di peli sulle orecchie, come li aveva uno zio materno di mamma, zio Gabriele Polizzi. I peli che piccoli mi crescono sul naso, la mia barba nera e fortissima, che arrossisce le guance di mio figlio Pietro quando lo bacio, sono caratteristiche che credo vengano dalla famiglia di mamma, anche se non so bene da chi esattamente.

Ho anche dei piedi che sopportano tutto. Cammino a piedi nudi sulla roccia, sui sassi, senza tanti problemi, e quasi niente dolore. Un po' saranno i calli di tanto sport. Un po' senz'altro la pellaccia dei Tortorici.

Papà

Si dice che <u>altezza</u> è metà bellezza. Il tratto fisico piú evidente che ho ereditato da papà è l'altezza. Spesso, nella vita, mi sono accorto che gente sconosciuta si volta mentre passo, mi tira sguardi in ascensore, mi 'smiccia' e mi studia. La mia mole, tutta Berghella, mi è stata di grande aiuto, sempre. Mi ha aiutato a vedere il mondo dall'alto, da dove si vede meglio. Papà è (come me, d'altronde) talmente conscio del 'potere' dell'essere alti che credo non abbia mai digerito che io sia diventato di 3 centimetri piú alto di lui. Come a dire: "Il piú alto sono ancora io, quindi anche il piú potente, il capo". Anche questo suo scherzarci sopra mi ha fatto capire quale grande dono mi abbia passato con il suo DNA.

La 'stazza da bronzo di Riace', come hanno detto alcuni conoscenti, aiuta a distinguersi dal gruppo, dagli altri. Si viene notati subito. Entrando in una stanza, la gente subito è conscia di te. Ti nota. È interessata. L'altezza dà potenza, dà carisma, dà presenza, dà importanza. Sono spesso stato il piú alto della classe, il che mi rendeva piú facile farmi eleggere capoclasse, o tesoriere del College, Professore Ordinario e Chairman del Dipartimento di Ostetricia e Ginecologia in Università. A tennis viene meglio la battuta. È piú facile metterla dentro di testa a pallone (anche se è il mio punto debole calcistico). A pallacanestro prendi piú rimbalzi, la mia unica dote cestistica. Cambi le lampadine sul soffitto senza scala, anzi senza neanche una sedia, se sei 1,89 e vivi sotto i soffitti americani, di solito bassi.

Anche il resto della configurazione corporea in genere è di papà. In particolare i <u>maniglioni ai fianchi</u>. Noi i grassi li immagazziniamo ai fianchi, e quindi, anche se appena appena sovrappeso, o perfino in peso forma, abbiamo delle rotondità ai fianchi. Sono credo le creste iliache, ed in particolare la spina iliaca superiore anteriore, che sono piú in alto degli altri. Arrivano quasi al livello dell'estremo inferiore delle costole. Ed è su questa cresta iliaca, da davanti ai fianchi fino a un po' dietro, che la pelle sembra dover far posto ad un piccolo pneumatico automobilistico messo per orizzontale, se mangiamo un po' troppo per troppo tempo. Mio fratello Michele e mio figlio Pietro ce l'hanno uguale. A me non dispiace. Fa parte di noi. È un modo facile per monitorare la forma fisica. Mi tocco ai fianchi, e lo spessore dell'adipe (se c'è) sotto cute sulla cresta iliaca mi dice come sto fisicamente. Facilissimo. So anche però che non avrò mai una vita bassa snella, perché queste ossa iliache Berghella sono troppo prominenti.

Ho anche le <u>labbra</u> di papà. Non ci rassomigliamo molto in viso, credo, ma le labbra sono uguali. Me ne sono accorto solo dopo i miei trent'anni. Prima probabilmente avevo ancora le labbra piú gonfie di giovinezza. Ora sono sempre non sottili, ma ben disegnate, lunghe. Le rare volte che mi ci va lo sguardo, penso sempre a papà, mi impressiona quanto siano simili, mi sembra che se alzo lo sguardo nello specchio ci debba essere il suo viso, non il mio. Sembra quasi che dovessero, da quelle labbra, uscire le sue parole, con la sua intonazione, il suo pensiero.

Papà dice, con fierezza, che ho anche il 'marchio di fabbrica' (della famiglia Berghella). Una <u>ciste</u> sulla parte superiore della schiena, che sembra avessero parecchi nella sua famiglia. Visto che non piace a mia moglie Paola, me l'hanno asportata chirurgicamente. Ma anni dopo è ricresciuta, testarda, perché i marchi di fabbrica sono indelebili.

Da papà ho preso anche la <u>miopia</u>. A lui mancano 'solo' tre diottrie. Io ho messo gli occhiali a 8 anni, e da quando ne ho 15 me ne mancano 7! Quando avevo 11-15 anni nuotavo molto. Una volta mi ricordo mi rubarono la borsa. Era inverno, e quasi buio. Tornai a casa piangendo, non per paura, ma perché mi sentivo perso, indifeso. Quando ti mancano cosí tanti 'gradi', vuol dire che anche a 2-3 metri vedi sfocatissimo, neanche i numeri piú grandi, non sai se chi ti è di fronte è giovane o vecchio, maschio o femmina, sta ridendo o piangendo. In quegli anni ebbi un incubo. Scoppiava la guerra, mi si rompevano gli occhiali, e quindi andavo inconsapevole verso il fronte ed ero il primo a ricevere le pallottole, visto che non sapevo dov'era il nemico. Di questo papà chiaramente non ha alcuna colpa. La mia miopia forse è cosí forte perché ho sempre studiato molto. Mi ha aiutato a non fare il servizio militare in Italia. È una cosa cosí poco importante per me che ho anche rifiutato di farmi operare. Con il LASIK sarei potuto essere un'aquila. Ma la miopia fa parte di me, ci vedo benissimo con le lenti a contatto o con gli occhiali, ho fatto addirittura il chirurgo ostetrico-ginecologo.

Un'altra somiglianza con papà è quella del <u>pollice della mano</u>. Come l'ho notata? Mi è sempre piaciuto fin da piccolo, quando andavo in macchina con i miei, 'stare davanti', cioè di fronte al posto del passeggero, di fianco a papà. Ne notavo sempre la padronanza nel guidare, pensando 'chissà se un giorno sarò bravo quanto lui'. E gli guardavo le mani, come le teneva quasi sempre sul volante, la destra alle 2, la sinistra alle 10, con i pollici rivolti sul lato interno del manubrio. Pochi anni fa ho avuto una di quelle esperienze strane, che negli USA chiamano 'out-of-body experiences', cioè una sensazione come di essere al di fuori del proprio corpo. Mentre guidavo, ho visto le mie mani, e mi è sembrato che fossero quelle di mio padre. I pollici mi sono sembrati identici. E ho sentito addosso la stessa sicurezza in me stesso nel guidare che doveva provare lui. La stessa padronanza del mezzo. Gli stessi movimenti. La stessa consapevolezza della grande responsabilità di guidare una macchina con dentro i propri figli. Tutto in quei pollici, cosí identici.

Da suo nonno Andrea Berghella ho anche ripreso un'altra caratteristica fisica: le <u>orecchie</u> un po' a sventola, soprattutto da bambino, <u>una piú in su dell'altra</u>, come le aveva lui. O almeno, me lo hanno detto tante volte, al cimitero guardando la sua foto di tanti anni fa, che oramai ci credo, e ne sono quasi orgoglioso.

Poi tante cose non so da chi le ho riprese. Da tutti e due forse le mie spalle alate. Molte mi hanno detto che ho le spalle larghe; probabilmente saranno stati il nuoto e la pallanuoto che ho fatto per tanti anni da teenager. Ci sono tante cose fisiche di me che non ho mai capito da dove vengano, o di cui non mi è mai interessata la provenienza.

Carattere

Qui andiamo piú sul difficile. Si è estroversi ed amiconi per DNA, o per aver visto sempre i genitori (o anche solo uno di loro) essere estroversi e amiconi? Ho sempre pensato che il dovere piú importante dei genitori è essere bravi esempi da seguire. E quindi i genitori prima di tutto devono essere portatori di buoni principi, quali l'onestà, la sincerità, l'amore. Devono educare affettuosamente con l'esempio. È meno importante accumulare tesori in denaro per tramandarli ai figli. A volte infatti la ricchezza pecuniaria può essere piú un male che un bene, può essere deleteria per il futuro dei figli. La ricchezza piú importante da tramandare dev'essere quella del rispetto per sé stessi come per il prossimo, dei valori umani universali che sono poi la base di tutte le religioni e tutte le grandi civiltà.

Mamma

Quando penso a mamma penso al <u>sorriso</u>, alla <u>felicità</u>. Mamma è ed è stata ai miei occhi attenti di figlio una persona serena, positiva. A volte io mi sento un po' '<u>bipolare</u>', cioè a momenti sono felice in modo sfrenato (il piú felice al mondo), a volte, soprattutto se annoiato, posso avere brevi momenti 'giú'. Mamma è senz'altro cosí. Ma la <u>voglia spontanea di cantare, di giocare</u>, è sempre molto predominante, e viene da lei. E, tramite me, è ancora piú evidente in Pietro, il mio secondogenito, il prototipo dello spensierato <u>giocherellone</u>. Non so quale sia la nostra glicoproteina, la molecola nel cervello che ci (mamma, io, Pietro) rende a volte troppo esuberanti, a volte fino a fare ingelosire il prossimo, che non si capacita di come si possa essere cosí di buon umore. È un sole dentro, è il vedere il bicchiere mezzo pieno, avere fiducia nel futuro. Guardare avanti. È uno dei lati del mio carattere di cui sono piú contento. La vita a volte non è facile, e svegliarsi già felici la mattina, cantare sotto la doccia senza pensarci, spontaneamente, 'perché si è fatti cosí', aiuta.

Relativa a questa attitutine alla felicità, è la propensione alle <u>feste</u>, all'<u>amicizia</u>, a <u>ballare</u>. Ad essere <u>estroversi</u>, <u>socievoli</u>, interessati al prossimo, forse anche troppo fiduciosi nell'amicizia e nel prossimo in generale. È un caso che sia io che mamma abbiamo sposato persone a cui non piace ballare? Probabilmente no. Il bello è che col tempo siamo stati contagiosi. Essere contagiosi del buon umore, della voglia di far festa, di ballare, mi rende felice. 'Dare' è di solito meglio che ricevere. Il problema è quando dall'altra parte c'è l'incapacità di essere positivi. Allora per noi non c'è possibilità di comprensione. Non si può essere infelici solo perché fuori piove. Per noi non ha senso.

Accenavo prima al fatto che mamma a volte ha del 'bipolare'. Con l'andare degli anni, purtroppo, la luce del sorriso si è un po' piú spesso avvicendata ad un umore piú pessimista, <u>depresso</u>. Questo per lei è stato forse un fatto genetico. In fondo un suo zio (Mario) si è suicidato a 48 anni, e un altro (Quirino) è stato molto depresso in tarda età. Ma, come in questi due casi, gli eventi hanno senz'altro influenzato quest'attitudine deossiribonucleica. Mamma si è molto realizzata nei suoi tre figli, che hanno avuto successo da giovani e nella vita. Ma, una volta svuotatasi la casa, e finito o almeno molto ridimensionato il suo ruolo di madre di cui i figli hanno bisogno giornaliero, ecco arrivare la 'sindrome del nido vuoto'. La mancanza di stimoli, il non sentirsi più necessaria ad un progetto importante, causa depressione. Zio Mario si reggeva con il successo della banca; una volta fallita la banca, il suicidio. Zio Quirino, mai sposato tranne che per 1-2 anni, senza figli, una brillante carriera diplomatica in giro per il mondo, si è ridotto alla depressione una volta tornato senza sogni nella natia Mazara. Io so di essere vulnerabile solo quando non ho 'challenges' al lavoro, non ho scadenze, non ho sogni, non devo scrivere il prossimo articolo, preparare una lezione, 'escogitare' un libro. Io sono depresso <u>quando non ho niente da fare.</u> Mamma e mio figlio Pietro sono uguali identici in questo.

Alcuni dei momenti più ansiosi della mia vita li ho passati quando ero teen-ager, direi dai 12 ai 19 anni. Mi ritrovavo a casa in via Livenza a Montesilvano, nel pomeriggio, che avevo fatto i compiti e non avevo nient'altro da fare. Magari avevo già letto, il mio compagno di giochi e fratello Michele non c'era, non c'era nessuno sotto in cortile con cui giocare a pallone. Tonino non poteva venire a giocare a tennis. A quei tempi la televisione non offriva granché, soprattutto a ragazzi della mia età. Il computer non esisteva neanche. E allora? Il non saper che fare, e quindi non aver niente da fare, mi creavano una sensazione di <u>ansia</u>. Ricordo che vagavo per il corridoio da camera mia fino a verso la cucina, un corridoio buio. Che fare? La <u>noia</u> è la mia peggior nemica. Il mio essere funziona bene quando stimolato, impegnato, con mille cose da fare, tanti progetti. Sono proiettato al futuro, non troppo al passato.

Penso che mamma sia uguale, anche se non so se se ne sia mai accorta. Credo che tanta della sua depressione (per fortuna ora molto migliorata) sia dovuta al fatto che, una volta andati via da casa io e mia sorella Anna, aveva meno da fare. Senza poi riuscire a crearsi impegni alternativi al vestirci, farci da mangiare, lavare, portarci alle varie attività, controllarci i compiti, organizzarci la vacanze, portarci a scuola, ecc. Mamma non ha mai lavorato fuori casa, come la stragrande maggioranza della ragazze della sua generazione. E le attività alternative, come cene, feste, eventi con amici, viaggi, impegno con la chiesa, passeggiate al centro, canaste ed altro sono attività non altrettanto condivise da papà. Anche fare il nonno per piú di 12-24 ore rimane a volte difficile a papà, che frena quindi la voglia materna/nonnosa di mamma. E questo è comune a tante coppie della loro generazione. Quindi mamma si è ritrovata a volte senza hobby, passatempi, impegni di sorta. E il non aver formato qualcosa di suo, al di fuori dei figli, le ha creato anche un po' di <u>insicurezza</u> in sé stessa. Papà può contare su tanti pazienti riconoscenti. Su colleghi che ancora lo stimano e lo ringraziano. Mamma no, e questo la rende a volte poco convinta dei suoi mezzi. Credo che sarei finito anch'io cosí senza le soddisfazioni professionali e personali che ho avuto, in Italia e soprattutto qui negli USA. Il continuo impegno, il lavorare sodo, il mirare in alto, i riconoscimenti, ti cambiano il carattere. Ti rendono piú forte, piú sicuro di te stesso. Mi dispiace che lo stesso non sia successo a mamma, che se lo meritava. Ma è andata cosí, a nessuno la colpa.

La mia <u>memoria</u> per quel che riguarda la medicina, quello che ho studiato, i casi che ho avuto, credo che sia piú che buona. Ho una memoria visiva. La mia memoria è terribile però per quel riguarda gli episodi del passato. Mia sorella Anna si ricorda di quello che è stata la mia vita dai 5 ai 19 anni. Lei si ricorda di episodi che io probabilmente non ho mai 'registrato' nel mio cervello. I miei amici americani, tipo Olivier, James, Lou, Don, le mie ex, ecc., si ricordano quel che mi è accaduto dai 20 ai 30 anni. Poi è Paola che si ricorda quello che mi è accaduto fuori dall'ospedale e dall'università dai 30 in poi. Ho ripreso da mamma questo tipo di memoria? Non lo so. È certo che penso quasi sempre al futuro, e quindi mi dimentico il passato.

Con mamma sono senz'altro simile nel fatto che ci dimentichiamo dove mettiamo le cose. Ero così da piccolo, lo sono ancora da grande. Da adolescente avrò perso piú di una dozzina di orologi. Andavo a giocare a calcio, pallacanestro, o pallavolo, me li toglievo, appoggiandoli da qualche parte mentre pensavo ad altro, e poi mi dimenticavo di prenderli. Chiaramente, ore dopo, quando mi accorgevo di avere il polso nudo, tornavo al campo, ed era troppo tardi. Cercavo dappertutto non sicuro di dove di preciso avessi appoggiato l'orologio, ma senza successo. Mamma ha perso, anche recentemente, cose anche di un certo valore. La capisco benissimo. Io faccio uno sforzo immane ogni sera a mettere le chiavi sempre allo stesso posto, e in questo modo le ritrovo. Sono piú di vent'anni che ho lo stesso orologio, che metto sempre nel taschino della camicia se me lo tolgo. Si può migliorare e correggersi con gli anni, ma la tendenza innata a non fare attenzione a certe cose non si può cambiare. Mio figlio Pietro non ha idea, a 9 anni, di dove ha messo i suoi giochi, le sue scarpe, ecc. Lo si sente spesso per casa che chiama: "Mamma, dov'è il mio astuccio? (o la mia cartella, le mie scarpe, le mie carte di Yu Gi-Ho, ecc)". Come lo capisco...

Mio padre è sempre stato un gran risparmiatore. Spegneva sempre le luci. Occasionalmente lo faccio anche io, visto che ce lo ha ripetuto migliaia di volte. Ma è da mamma che ho preso un qualche gene che mi spinge a spendere. Papà la chiama spesso "Torlonia", perché ha dei gusti raffinati, e cerca sempre di comprare il meglio. Soprattutto per casa e figli. Non sono moltissime le volte che è riuscita a farlo nella sua vita, ma questo suo approccio al comprare fa ora parte di me. Credo che questo sia avvenuto non solo geneticamente. Molti tratti innati del carattere vengono poi plasmati dalle esperienze e dalla riflessione. Nel corso degli anni mi sono reso conto che le scarpe a buon prezzo spesso si rompono subito. Che un bel cappotto ti fa fare bella figura, e magari stringere amicizie o almeno conoscenze che ti varranno in futuro molto piú del costo del cappotto. Avere un macchina che ti piace, che magari sia un po' di lusso, ti fa sentire piú importante, e ti dà carica. L'importante è farlo di rado, e sapere che sono premi che ti fai, o meglio ancora fai ai tuoi cari. Alcuni poi sono investimenti veri e propri: ho speso $80,000 per la cucina, ma ora la casa vale $100,000 in piú (e mia moglie Paola ne è felicissima). La <u>roba bella</u> spesso paga, se l'acquisto è oculato, anche se inizialmente oneroso. È importante essere sicuri di avere abbastanza in banca per poterselo permettere, e non desiderare in quel momento qualcos'altro ancora di piú, o il superfluo.

Un'altra tendenza che ho preso da mamma è quella di amare il <u>contatto fisico</u> con le persone. Mi piace abbracciare. Adoro accarezzare, stringersi. Certo, con le ragazze, ma in generale anche con i maschi, con i miei figli, fratelli, genitori, ecc. Con mamma è un <u>continuo toccamento</u>. So che è una sua caratteristica perché si tocca ancor piú con mio fratello Michele che con me, e ne sono felice, perché li rende tutti e due appagatissimi. Lei mi accarezza l'avambraccio, uguale a quello di suo padre. Ci bacia in continuazione, con lo schiocco, una ventina di piccoli baci alla volta, fino a togliersi il respiro. Anche in pubblico, di fronte a tutti.

Papà

Quando ero piccolo la maggior parte degli amici di mamma e papà dicevano che assomigliavo a mamma. Sono cresciuto notando anche le affinità di carattere con lei che ho appena descritto. Poi... sono cresciuto veramente tanto, e l'altezza è la prima caratteristica di mio padre che mi ha reso 'suo figlio'. E devo dire che, dopo la crescita fisica, la mia crescita come uomo adulto mi ha fatto notare sempre piú somiglianze con il suo carattere. Come professionista mi ritrovo tantissimo in lui. Penso di averne molti lati del carattere, nascosti sotto la mia pelle scura.

Una delle cose che piú ci accomuna credo sia la determinazione, lo spirito di sacrificio, l'impegno, il lavorare sodo. Sono stato influenzato sia geneticamente che 'ambientalmente' dal carattere 'forte' di papà. Lui non tornava a casa a volte per una settimana intera perché impegnato al lavoro. Io, che sono diventato ostetrico-ginecologo come lui, lavoro da piú di vent'anni circa 65-70 ore alla settimana. Senza battere colpo. Piú lavoro, meglio mi sento. Il mio motto professionale è 'The harder I work, the luckier I get' ('Piú lavoro, piú sono fortunato'). Abbiamo la stessa passione per quella che crediamo sia la professione piú bella del mondo. E visto che sono piú di 25 anni che siamo sulle sponde opposte dell'oceano Atlantico, questa comunanza è senz'altro genetica.

Penso spesso al fatto che papà mi ha detto che abbiamo un antenato del nord Europa di origini ebree. Che sia venuta da lui questa voglia di lavorare? So anche che mia madre, da siciliana di Mazara del Vallo, ha antenati probabilmente arabi. Sono orgoglioso di entrambe le discendenze, e anzi spero si mescolino un po' in me. Mi auguro che in un prossimo futuro arabi ed ebrei possano convivere in pace come pezzi di DNA arabi e ebrei vivono spensierati dentro me.

Se io e papà siamo sempre stati ligi al dovere prima del piacere, lo pretendiamo anche dagli altri. Non sopportiamo la corruzione, il non pagare le tasse, il 'fregare', la 'nonmeritocrazia', i nullafacenti, il lassismo. Non sopportiamo la pigrizia, l'apatia, e quelli che si lamentano senza muovere un dito per cambiare il mondo o solo una piccola cosa. Mi infastidisce la studipità, ma ancora di piú la pigrizia. Chi non fa, non ha diritto a criticare. Siamo per l'impegno completo, perché qualunque cosa uno faccia, la faccia al meglio delle sue possibilità. Questo è quello che voglio anche per i figli. Spazzino, aeronauta, archeologo, maestro, scienziato? L'importante è <u>farlo al meglio</u>, forse un tantino di piú di quello che si fa.

Un'altra cosa che mi lega a papà è la <u>passione per i libri</u>. Le case dei miei ne sono piene. Libri di storia, di attualità, di politica, di sesso, di religione, di... tutto. Papà è onnivoro di sapere. Lo sono anch'io, a volte voracemente. Ho molti libri. Mi sono appena costruito la prima camera personalizzata a casa: una biblioteca su misura. Ho anche una lista lunghissima di libri da leggere. Un'altra lunghissima di libri da comprare. E poi ci accomuna lo <u>scrivere.</u> Ho già scritto piú di 100 articoli scientifici, piú di 200 abstracts pubblicati, dozzine di capitoli di libri scientifici. E anche una decina di libri miei, tra cui due tomi di ostetricia e medicina materno-fetale, e altri non-scientifici. Anche papà scrive, ma è stato piú timido nel pubblicare, ed appartiene ad una generazione senza le possibilità di divulgazione che abbiamo noi.

Credo di essere un tipo che <u>si ambienta facilmente</u>, che si adatta un po' a tutto, ad ambienti ricchi, come ad ambienti poveri, e a differenti tipi di persone. È possibile che l'abbia ripreso sia da mamma che da papà? Chissà. <u>Mi piace da morire lo sport giocato.</u> Calcio, tennis, pallacanestro, pallavolo, sci, ecc. ecc. Da chi l'ho ripreso? Chissà come sarebbero stati mamma e papà se fossero cresciuti nel mio ambiente?

Modi di fare e abitudini

Mamma

Vi ho già detto delle carezze. Del cercare il contatto fisico. Da mamma ho anche il vizietto di <u>toccarmi il naso,</u> quando credo che non guardi nessuno. Genetico o ambientale? Chissà?

<u>Mi vesto come ha sempre voluto che mi vestissi mamma.</u> Pantaloni grigi, camicia bianca, golfino blu o celeste. Alle medie, non ci facevo quasi caso, mi mettevo quello che mi comprava, e andava benissimo. Al liceo incominciai ad accorgermi che gli altri portavano i jeans, e io mai. Poi sono partito e sono andato a vivere a 8.588 chilometri di lontananza da mamma, con la possibilità di mettermi quello che volevo. Eppure ho continuato a mettermi questa divisa, pantaloni grigi, camicia bianca, golfino blu o celeste. E, una volta grandicello e medico chirurgo, la cravatta come ha sempre portato papà.

Mamma dice che io sono partito troppo presto e non ha avuto tempo di educarmi. Non sono d'accordo. Vesto, volutamente, consciamente e felicemente, come vuole lei. <u>Spezzo il pane a tavola</u> con due mani come mi ha insegnato lei. Mangio a bocca chiusa. <u>Sto dritto, spalle in dentro, petto in fuori</u> molto meglio di quanto ora riesca a fare lei. A tavola tengo <u>i gomiti</u> il piú attaccati al tronco che posso. Mamma, e meglio di cosí non potevi fare, devi essere orgogliosa di te, io mi sento uno che ha assorbito senza ribattere tutto quello che mi hai insegnato.

Ecco cosa ho scritto riguardo l'influenza che mamma ha su di me e la mia famiglia nel giugno del 2008, prima di una sua visita a Philadelphia, dove viviamo io, mia moglie Paola e i miei figli Andrea e Pietro:

"Ci è venuta a tutti la nonnatite (da Nonna Tita, cioè mia madre). Siamo una famiglia che, grazie al cielo, sta di solito quasi sempre bene, poche influenze e raffreddori. Ma questa malattia, la nonnatite, è da almeno tre mesi che ci perseguita. Dal giorno dell'annunzio del viaggio. E con il tempo sembra pian piano peggiorare. Aumenta la temperatura. Io e Paola abbiamo fatto rifare tutta questa stanza 'biblioteca'. Tutto nuovo, legno scuro caldo e brillante al tempo stesso, i libri finalmente messi a posto dopo 11 anni e mezzo che siamo al 639 Pine Street di Philadelphia. Questo piano, durante gli ultimi mesi, è stato messo sotto sopra.

Abbiamo finalmente buttato tante cose vecchie e... indecenti (lo avrebbe ammesso la nonna a voce alta, o l'avrebbe solo sussurrato al mio orecchio?). Quindi abbiamo buttato una vecchia televisione di Paola comprata da lei già vecchia 17 anni fa. Un tavolino che lei aveva trovato, lasciato lí nel suo primo appartamento in affitto. Una vecchia macchina da scrivere (le ricordate? Andrea e Pietro neanche sanno cosa sono...) che mi aveva lasciato una mia amica 15 anni fa perché non serviva piú già allora. Delle mie scarpe vecchie risalenti credo al liceo (diciamo piú di 25 anni fa). Un mobile a scaffali per i libri sporco, macchiato, con visibilissimi squarci nel legno in varie parti. E tante, tante altre cose quasi da collezionisti. Cosí ora anche la camera degli ospiti è 'agibile'. Anche gli scaffali del mobile nero sono stati tutti risistemati; i libri che ci sono, piú che altro guide di viaggio, sono stati tutti finalmente organizzati per continente, e le cartine catalogate per zone geografiche.

Abbiamo anche buttato il computer della camera dei ragazzi, un mio vecchio Dell risalente ad almeno 12 anni fa. E dire che i computer diventano obsoleti almeno ogni 3-5 anni; ma donarlo (e dover pagare $10 per farlo) ad un negozio che ricicla computer è stato lo stesso un mezzo trauma. Spostandolo abbiamo trovato tante altre cose rotte, vecchie, mai usate, e ci siamo disfatti anche di quelle. Ora la camera è piú ariosa, pulita, organizzata. Possiamo finalmente mettere in bella mostra i vari trofei, coppe, medaglie vinte da Andrea e Pietro a scacchi, nuoto, calcio e pallacanestro. Il bagno su questo piano Paola l'ha fatto solo 3-4 anni fa, quindi è quasi nuovo. Il piano è piú che rispettabile.

Le scale sono un sogno. La balaustra l'abbiamo fatta nuova quest'inverno, e il molisano che ce l'ha fatta è stato bravissimo, speriamo che piacerà alla nonna, cosí che la nonnatite si attenuerà un po'. Cosí, nel piano della nostra camera da letto, abbiamo messo una bella foto della nostra famiglia, senza spostare molto il grande crocifisso francescano, non sia mai. Nella camera libreria non sono ancora appese (aspettiamo di comprare il sofà-letto), ma ci sono 7-8 stupende foto della famiglia Berghella/Tortorici/Masci/Trifuoggi in bella mostra. La camera della televisione detta 'den' è stata riorganizzata con la partenza dei libri di poesie verso la libreria al piano superiore e l'arrivo delle dozzine di album di foto che Paola prepara costantemente con tanto amore e tanta maestria.

Il piano 'da ricevimento' si vanta di una cucina nuova, fatta 2 anni fa, i soliti splendidi camera da pranzo e salotto. La cucina dovrebbe far svenire alquanto la nonna, speriamo bene. Con il passamano anche l'ingresso è piú elegante. Sí, la porta è ancora vecchia, ... mi si sta alzando la temperatura nonnatite, ma mammola, abbiamo già il programma di quando e come rifarla, e anche il falegname giusto.

Paola stamattina si è svegliata alla 7 e un quarto. La domenica è sacra per lei, nel senso che ama dormire un po' di piú. Io e Pietro ci svegliamo al massimo per le 6 e 45 o 7, lei di solito continua il meritatissimo riposo per un'altra oretta. Stamattina, dopo la mia solita doccia, me la trovo già in cucina. Mi dice "Ho cosí tanto da fare". Capisco che la nonnatite sta arrivando a livelli caldissimi. Sorride anche, è serena. Sembra l'alunna che ha studiato tutto l'anno ed è pronta all'esame. So che ora è in giro a lavare, pulire, organizzare, rifare letti, fare la lavatrice, asciugare, stendere, stirare, passare l'aspirapolvere, spegnere luci, fare giardinaggio, scopare le foglie da per terra, metter punti ai nostri calzini, strofinare mutande sporche, svuotare la lavastoviglie, preparare il pranzo, organizzare la cena, magari esce a fare la spesa (la fa ogni giorno), comprare i vestiti per i bambini, aiutarli a vestirsi, leggergli una storia in italiano, ecc. Io partecipo a queste attività per meno dell'un per cento, è lei la turbina nucleare che fa andare il tutto, io firmo assegni (neanche li compilo, solo la firma su 4-5 assegni ogni settimana), lei fai il resto.

Tra poco andiamo a fare una spesa megagalattica ad un supermercato 'monstre' a una mezzoretta da casa. Abbiamo già vettovagliamento per almeno un mese, sotto in dispensa (abbiamo 3 frigoriferi pieni e un intero armadio zeppo di cibo), ma oggi $400-500 di acquisti alimentari sono garantiti. Nonnatite o non-nonnatite, non deve mancare niente. Io Andrea e Pietro ci dobbiamo tagliare i capelli entro sabato (nonna arriva domenica 8 giugno alle 3 – mancano solo 7 giorni! - , per quella giornata non ci sono altre attività 'extra' programmate, solo mettere a posto). Bisognerà magari pulire la macchina, se non l'abbiamo ancora fatto. In un anno e mezzo che ce l'ho, l'ho pulita una volta, fuori, praticamente mai a fondo dentro. Paola si è fatta il colore questa settimana, la settimana scorsa addirittura è andata da un parrucchiere americano e se li è fatti un po' tagliare, ma vi rendete conto, ad un mese solo di distanza dal ritorno in Italia e la sua visita ad Oliviero, parrucchiere dei VIP di Perugia. Sono rimasto esterrefatto. Da tempo siamo tutti piú attenti a cosa mangiamo, anche se l'appetito è geneticamente immenso, passato a noi da generazioni e generazioni di buongustai, e quindi quella è un po' una battaglia persa, emaciati non ci diventeremo mai; solo Paola è in peso forma, al solito. Credo che ora stia tagliando le unghie a Pietro. Siamo andati tutti di recente dal dottore, cosí la nonna non si può lamentare: i figli sottoposti a vaccini, dentista (niente carie nuove!), occhiali nuovi (Andrea).

Insomma abbiamo cercato di rimettere a nuovo casa e noi stessi. Se potessimo spazzeremmo le strade di Philadelphia, prepareremmo giornate di sole a 20-25 gradi, con un venticello fresco. Come da comandamento ferreo di mia sorella Anna, non ci sono attività organizzate che potrebbero stancare la mammola. Anzi, non ci sono proprio attività, se vogliamo sederci tutto il tempo in poltrona potremo farlo. Ma preferirei farmi qualche passeggiatina sotto il bosco mentre i bambini sono a nuoto. Parlare, parlare parlare. Averla a tavola la sera a cena sarà già bellissimo. Farle vedere che campioni di bontà e intelligenza sono Andrea e Pietro, e quanto le vogliano bene. Farle sentire il calore della nostra casa, che sprizza d'amore 325 giorni all'anno (gli altri 40 sprizziamo in Italia o un po' in giro per il mondo).

La lontananza è un po' crudele, perché ha la capacità di attutire i sentimenti. Ma non bisogna lasciarla vincere: bisogna parlare quotidianamente delle persone care lontane, fare sentire ai tuoi figli a tua moglie a te stesso la presenza psicologica dei nonni, degli zii, dei cugini, le cui facce sono sempre davanti ai tuoi occhi, in fotografia, e nei tuoi ricordi, nei tuoi pensieri giornalieri piú sereni. Cosí, non solo la lontananza perde, ma l'amore per i cari lontani diventa fortissimo: non vedi i loro difetti, che senz'altro noteresti standogli vicino, e godi solo dei bei ricordi. I tuoi neuroni ne evidenziano le virtú. Quando vedi Andrea determinato, che vuole vincere, sai che 'lí' c'è nonno Andrea. Quando Pietro, mentre guardiamo un film a casa, mi accarezza i peli dell'avambraccio destro, sai che la sua mano è quella di nonna Tita (e mi vengono i lacrimoni agli occhi, scusate, non vedo piú i tasti, sono tutti sfocati dal liquido lacrimale che mi offusca la rifrazione sul nervo ottico).

Insomma, la nonnatite è una malattia stupenda. Non ci passerà mai."

Papà

Di papà ho la firma illeggibile. Probabilmente abbiamo dovuto firmare tante scartoffie negli anni, che ci è stato gioco-forza firmare cosí, in meno di un secondo. Probabile qui piú l'influenza di situazioni simili che l'effetto DNA. E il fatto che a volte non facciamo la pipí nella tazza? Dovuto all'altezza? Probabile. Un fattore di convenienza e facilità. Un fatto dovuto al mio attento osservarlo quand'ero piccolo è che ci puliamo la pianta del piede con la mano prima di metterci le calze. Sia la mano che il piede sono puliti, ma mi viene da fare cosí avendolo visto fare a papà tante volte, di routine, nella sua camera da letto in via Livenza.

Un'altra caratteristica di papà è avere costantemente la cravatta. Anche ora, che è in pensione da 13 anni, porta la cravatta. Anche quando va in campagna. È parte di lui. Io non sono cosí ligio a questo look, ma devo dire che tutti mi dicono come mai porto la cravatta cosí spesso. Senz'altro la porto sempre al lavoro, e i miei colleghi solo quando è necessario. Ecco, sono queste le cose che i genitori ti passano. L'ho visto fare da papà tutta la vita, come posso non farlo io? Soprattutto quando penso che, sia per me che per lui, portare la cravatta è un modo di portare rispetto agli altri, e anche a sé stessi. Non mi fa sentire importante. Credo dimostri agli altri la mia serietà, il mio modo di essere al meglio 'fuori', come lo sono dentro.

Un'altra caratteristica di papà che ricordo bene è che portava sempre un fazzoletto bianco in tasca. Diceva che se usciva senza fazzoletto si sentiva nudo. Lui che non aveva mai un raffreddore (o quasi mai). Io ogni mattina metto un fazzoletto bianco e pulito in tasca, come faceva lui. Credo che il mio naso 'coli' in genere molto piú del suo, visto che sono portato a sinusiti e vado al lavoro ogni giorno dell'anno in bicicletta. Ma quest'abitudine l'ho imparata guardandolo. E pensando che l'idea aveva una sua giusta ragione. Anche se negli USA credo di farlo solo io. Tutti gli altri hanno i Kleenex di carta, e probabilmente a loro sembro uno venuto da un altro mondo. In effetti hanno ragione.

Ecco cosa ho scritto riguardo l'orologio di papà nel novembre 2008:

"Da un paio di settimane porto l'orologio che ho visto per decenni al polso di papà. Mi fa impressione. Penso a lui, come a mamma e ai miei due fratelli, sempre, tutti i giorni, ed ora questo oggetto elegante al polso me li ricorda ancora di piú.

Me lo hanno dato, papà e mamma, questa estate. Mi hanno anche fatto scegliere. "Questo è lo Zenit di papà"; poi mi hanno fatto vedere anche un altro orologio che era di mio nonno materno, Vincenzo Tortorici. Quest'ultimo piú bello, in migliori condizioni, e, a detta di mia madre, anche di maggior valore. Da come li presentava, mamma senz'altro voleva che questo piú bello andasse a me. Quello che avrei 'scartato' sarebbe stato di Vittorio, il marito di mio sorella.

Cosa scegliere?

Ci ho riflettuto credo circa 20-30 secondi. Ho cercato di resistere all'istinto. Infatti appena mi avevano fatto vedere l'orologio di papà, ho sentito come un tuffo al cuore, un fulmine scorrere nelle arterie, un bagliore di felicità accecante. Mi faceva impressione quell'orologio, tanti i ricordi. I tuoi genitori li porti con te sempre. Non c'è bisogno di 'ricordini'. Papà e mamma fanno già parte di me, e li porterò sempre con me. Questo orologio certo lo rappresenta, ne è un po' come un pezzetto. L'immagine dell'orologio porta attaccata a sé l'immagine di papà, anzi il suo calore, quasi la sua presenza. Te ne fa sentire le movenze. La voce. I discorsi insieme. Quando si strofinava la pianta del piede prima di mettersi le calze. Quando spiegava qualcosa con le sue grandi mani. L'orologio era lí, e ora mi riporta in pole position quei ricordi, diventati per sempre proteine nei miei neuroni cerebrali.

Facile decidere. "Vorrei (dico 'vorrei') quello di papà", dico. Si vede che mamma ci rimane un po' male. Né io né lei siamo capaci di fingere. È una nostra forza, e un nostro limite, dirà qualcuno. "Sei sicuro?", dice. "Certo. Sicurissimo." Poi avviene una cosa che io interpreto come bellissima: "Allora è di Vincenzo. Deciso", dice papà. A me sembra che l'abbia detto con voce piena di felicità. Orgoglioso di me, e orgoglioso di sé per aver capito quanto il suo ricordo fosse importante per me. Poi penso, "Magari è contento per Vittorio...". Che mestiere difficile fare il genitore, povero papà. Scanso quest'ultimo pensiero, lo guardo, "No, papà vuole proprio che lo abbia io, il suo sangue", penso. E ne sono felice. Perché la felicità è rendere felici gli altri. Poi in quest'occasione siamo felicissimi tutti e due, una 'win-win situation', direbbero gli americani.

Oggi sono uscito malgrado fuori faccia un grado sotto zero. L'altro ieri avevo smarrito il vetro che copre l'orologio di papà (sí, sarà sempre l'orologio di papà, mai il mio). Ero disperato. Mi tornavano in mente gli anni in cui perdevo tutto – ma, in effetti perdo ancora tutto – , quelli in particolare delle medie e del liceo, quando perdevo orologi. Andavo a giocare a basket, o a pallone, mettevo l'orologio da qualche parte, di solito vicino alla fontanella, o sotto il canestro, o... la maggior parte delle volte non mi ricordavo neanche dove l'avevo messo. Cercavo vicino o sulla fontanella, sotto il canestro, accanto al muretto, pian piano mi disperavo... meno male che a casa l'avrei detto prima a mamma, che mi perdonava sempre, e non mi rimproverava mai. Di fronte a papà mi sentivo un mezzo fallito in queste occasioni e, anche se lui non mi rimproverava severamente, ero io che mi sentivo una testa vuota, un disattento, indegno di essergli figlio. Papà sempre preciso. Sempre lo stesso orologio. Sempre gli stessi occhiali. Mai che li abbia persi. In questo siamo diversi anni luce. Mamma è riuscita a perdere anche l'anello di diamanti piú costoso che aveva. Io ho piú guanti spaiati di un negozio di guanti. Come si fa a non perderli?

Cosí oggi sono andato alla ricerca di quel coperchietto di vetro (che poi sembra plastica) dell'orologio di papà. Pensavo di averlo perso sulle gradinate dove ero seduto l'altro ieri a vedere Andrea e Pietro nuotare in piscina (sí, ho anche chiamato il primogenito Andrea con il nome di mio padre). Mentre leggevo, mi ero accorto che per terra vicino a me c'era il coperchietto dell'orologio! Felice di essermene accorto, l'ho subito raccolto.

Delicatamente, senza spingere troppo, l'ho rimesso sull'orologio. A proteggere quelle lancette antiche e affusolate, quel quadrante marcato dal tempo, nel senso di tanti tanti anni. Felice, ho sentito un 'click', si è rimesso a posto. Ho provato a toglierlo, niente, è fissato sull'orologio. Mi sono riseduto, e ho continuato a leggere i 4-5 libri e riviste che mi ero portato.

Poi due ore dopo, andando a dormire, quando mi sono tolto l'orologio mi sono accorto che il coperchietto non c'era piú. Tonfo al cuore. Sensazione di personale nullità. Di imbecillaggine pura. Come ho potuto essere cosí sbadato da perderlo di nuovo? Perché non mi ero messo l'orologio in tasca e non al polso, cosí da evitare che perdessi di nuovo il coperchietto? Ci si fida una volta, si dice, ma fidarsi 2 volte è da stolti. Cosí mi sentivo.

Sono corso (mi ricordo quando con Michele correvo per le scale quando sentivo che tornava papà) per le scale sotto in garage. "Magari è in macchina", pensavo, "o lí vicino". Oramai buio pesto alle 9:30, una strada fredda d'inverno, del coperchietto nessuna traccia. "Dove l'ho perso?", mi gridavo dentro il cervello. Un grido che mi è familiare, fa parte di me, che mi sono detto migliaia di volte, sempre con ribrezzo verso me stesso. Ero stato solo lí, sulle gradinate della piscina. Oramai troppo tardi per chiamare.

Cosí chiamai il giorno dopo, cioè ieri, lasciando un lungo triste messaggio per chiedere se potevano andare a vedere sulle gradinate se c'era questo coperchietto, piccolino e difficilissimo da spiegare.

A stamattina, nessuna risposta.

Allora, prendo di petto il mio destino. Bisogna fare, prima di potersi lamentare. Perché piangere sulla sconfitta quando si può ancora vincere? Non abituarti alla sconfitta. Sconfiggi la sconfitta, e la vittoria sarà ancora piú vittoriosa. Ho detto a Paola: "Io esco, vado a portare Pietro a tagliarsi i capelli, poi a Scuola Italiana. Poi, visto che sono fuori, vado anche al nuoto a vedere di ritrovare il coperchietto dell'orologio". Tutte scuse, i capelli avevamo deciso di tagliarli a Pietro nel pomeriggio, e a Italiano lo poteva portare la nostra amica Anna, che passava a prenderli (Andrea e Pietro) tutti e due. Ma, come dice Allen in 'Getting things done', quando si ha qualcosa in testa che la occupa completamente, che sovrasta tutti gli altri pensieri, che è la tua piú forte e continua preoccupazione, devi occupartene. Non puoi far altro. Non puoi occuparti di nient'altro in modo costruttivo se non ti occupi della PREOCCUPAZIONE prima. Quindi, "Paola, io vado".

E l'ho trovato."

Racconti e ricordi

Ho sempre ascoltato volentieri i racconti di mamma e di papà. Quando stimi le persone, vuoi sapere come sono cresciute. Ti interessa quali sono state le esperienze che li hanno resi in gamba. Adoro quindi quando raccontano storie della loro famiglia. Mi piace molto la storia in genere, e si prova un gusto speciale ad apprendere le gesta, piú o meno omeriche, di nonni, bisnonni e bisavoli.

Mamma

Mamma racconta volentieri della sua giovinezza, della sua famiglia. Alcune storie ve le ho già raccontate. Quando narra, come risognasse ad occhi aperti, la vedo camminare per Corso Umberto da ragazza, andare a prendere il padre al Banco di Napoli. La vedo ascoltare a sua volta il padre che racconta dell'esperienza della Seconda Guerra Mondiale, quando difese la FIAT a Torino con la contraerea. O quando pensava che il padre, non tornando a casa finito il conflitto, fosse morto. E poi vederlo tornare, a piedi fino a Pescara, lui sempre in giacca e cravatta, arrivare invece in pigiama.

E la volta che arrivarono a casa loro in via Carducci i tedeschi, sempre durante la Seconda Guerra Mondiale. Uno le staccò addirittura un'unghia della mano, del dito anulare. Rimango sempre colpito quando gliela guardo, e noto che in effetti è diversa da quella dell'altra mano.

I racconti piú sereni sono quando rammenta la corte dei tanti ragazzi al liceo. Sono questi racconti che per primi mi hanno fatto capire che non sono solo gli uomini a desiderare le donne, ma è vero anche il contrario. Anche se i racconti di mamma mi facevano pensare che questo desiderio femminile fosse molto piú pudico di quello che poi la vita mi ha insegnato.

Ci avrà raccontato mille volte il suo incontro con papà. Festa da amici comuni. Lei lo nota che arriva. Porta una giacca a quadrettini bianca e nera. Io di Paola, appena vista, devo dire sinceramente che ho notato le gambe. Mamma sembra essersi innamorata del vestito. Anche mia sorella Anna ha notato per prima cosa in suo marito un pezzo di abbigliamento, nel suo caso le belle scarpe. Questo mi ha sempre colpito molto. E insegnato che a volte la bella presenza non vuol dire bel viso o fisico.

Poi il fatto che papà era fidanzato. A mamma questo non l'ha dissuasa affatto. Questo mi ha insegnato che, quando vuoi una cosa, il fatto che averla o raggiungerla sia difficile non significa che tu non debba provarci, con tutte le tue forze. E infatti papà, dopo un po' di scambi di sguardi, la invitò a ballare.

Col padre 'padrone', come aveva mamma, la corte di papà non fu facile. Mamma si inventava mille scuse per uscire, come nella canzone di Gianni Morandi 'Fatti mandare dalla mamma a prendere il latte'. Si incontravano in un vicoletto vicino casa, a 'fare l'amore', che negli anni '50 voleva dire scambiarsi qualche bacio furtivo. Bei tempi. Belle storie.

C'è un episodio poi che vorrei raccontare io su di lei. È emblematico di quanto ci vogliamo bene. In particolare, di quanto mi adori. Per un Natale della fine degli anni '80, organizzo di tornare in Italia all'insaputa di mamma e papà. Mia sorella, bravissima in queste cose, prepara un grande pacco regalo, con carta dorata e fioccone rosso. Io riesco ad arrivare da Roma fino a quel pacco a casa in via Livenza a Montesilvano senza che i miei se ne accorgano. Il pomeriggio del 24 dicembre, appena arrivato, mia sorella Anna chiama mamma in salotto, e le dice di aprire quel pacco gigante, 1x1x1.5 metri. Mamma, assolutamente ignara dei preparativi che da mesi avevano portato a quel momento, mi 'spacchetta', e io mi alzo e dico "Buon Natale!" Mamma sviene. Ma sviene veramente, cade a terra con un tonfo, come non le è mai successo. Quasi la dobbiamo portare al Pronto Soccorso. È incredula, ci mette un po' a capire che è tutto vero, e poi piange di gioia.

Papà

I racconti piú frequenti di papà, o almeno quelli che ricordo meglio, sono probabilmente quelli legati alla guerra, la Seconda Guerra Mondiale. Papà racconta da ragazzino quel periodo di avventure. Il fronte sul fiume Moro, adiacente alla casa dei suoi a Sant'Apollinare, fa sí che viva l'arrivo dei tedeschi e poi degli americani. Una bomba cadde nella loro casa, sfondando il tetto. Per fortuna, miracolosamente, non esplose. Visse con la famiglia per mesi in un rifugio dentro una caverna, senza poter uscire, con fuori solo il rumore delle cannonate. I tedeschi, passati alla storia come cattivi, vengono raccontati da lui come seri, bravi in guerra, rispettosi, onesti. Gli americani, passati alla storia come vincitori, li racconta come i ricchi, quelli con le sigarette, con tanto da mangiare. Sono andato negli USA perché papà adorava quegli invincibili giovani venuti da lontano, pieni di abbondanza?

Un altro ricordo vivissimo nella sua memoria è l'arrivo a Bologna, per l'università. Partí con un bellissimo cappotto, e una valigia nuova, entrambi comprati con grossi sforzi dei genitori. Si sente che gli è profondamente riconoscente. Arrivato alla stazione di notte, ci dovrebbe essere ad attenderlo il fratello minore, Lorenzo. Papà racconta solo che non c'era, e si capisce tutto del loro rapporto. Non un bel rapporto fraterno come l'abbiamo io e Michele, o come l'hanno Andrea e Pietro, i miei figli. Papà è come se dicesse: "Di Lorenzo non ci si poteva fidare, non ci ho mai potuto contare". Triste, anche se si amavano e rispettavano. Poi papà sale su un autobus, dove ci sono solo altre due persone. Il conducente. E una prostituta, che ha appena finito la serata. E racconta al conducente le sue esperienze di quella serata. Papà racconta quello che dice la simpatica e socievole ragazza in bolognese, in prima persona, come fosse lei. Lo immagino impietrito e curioso su quell'autobus. Scopre un mondo nuovo. Quando ci rivela quello che diceva la bella puttana, lo fa ridendo, rivivendo quei minuti di innocenza che passa. Come si racconta le prime volte che si sfoglia un Playboy, o si vede un film porno. Oh, mi piace molto quando papà racconta un po' di sé. Mi manca.

E poi i tanti racconti di Sant'Apollinare. Quando la madre Peppa tirava il ferro da stiro, a quei tempi coi carboni ardenti dentro, a suo fratello Lorenzo, che saltava dal balcone del primo piano! E le sue scorribande in paese, amico di tutti, in groppa ad un asino o ad un cavallo. L'amore di suo nonno Andrea, che lo fa sentire importante.

Ultimamente ci siamo fermati anche alla casa dove viveva a Pescara da adolescente, in via Firenze. Me l'ha descritta tutta, come fosse davanti a lui, anche se invece della loro villetta ora c'è un condominio biancastro a 5 piani. Ricorda i vicini, dove andava a giocare a pallone, il liceo a due passi. Capisco che anche lui ha avuto una mamma che lo adorava, e senz'altro ha contribuito alla sua perenne serenità, alla sua sicurezza.

Un altro ricordo mio, che lega sia papà che mamma, è quanto tutti i miei amici li abbiano sempre ammirati. Senza nominare i loro nomi, a dozzine spontaneamente mi hanno detto in passato e mi dicono quanto sia fortunato ad avere due genitori cosí in gamba. Lo so, e l'ho sempre saputo.

I consigli

Mamma

Come ho fatto a fare un figlio cosí bello / passione

L'ho scritto anche in un compito in classe d'italiano alle medie. Mia madre mi ha sempre detto, migliaia di volte, da piccolo come ancora oggi: "Ah, ma come ho fatto a fare un figlio cosí bello?" Io la maggior parte delle volte neanche ci ho fatto caso consciamente, anche se ne godevo dentro. Moltissime mi sono detto: "No, non è vero, la solita mamma italiana." Ma devo ammettere che il fatto che me lo abbia detto cosí tante volte mi ha dato forza, reso consapevole delle mie possibilità, pronto a qualsiasi test la vita mi presentasse davanti.

Forse questa è stata l'influenza ambientale piú forte di tutte. A furia di sentirsi dire: "Sei il migliore", "Sei il piú intelligente", "Puoi fare tutto quello che desideri nella vita, arrivare a qualsiasi traguardo", alla fine finisci per crederci. Non hai paura di niente. Sei pronto alle sfide della vita. Cosí, quando mi è capitata l'occasione di andare da solo a vivere e studiare negli USA, non me la sono lasciata scappare. Ormai, a 19 anni, le frasi di mamma erano dentro di me. Sono parte di me. Spesso me le ripeto mentalmente, a spronarmi, a darmi coraggio. Sento la sua voce tranquilla, sicura che non ho eguali, che posso vincere contro chiunque.

Mi ha sempre chiamato 'passione'. A casa, davanti a papà e ai miei fratelli, e anche in pubblico. Io non me ne sono mai vergognato. Anzi. Il suo amore mi ha reso forte. L'ho immagazzinato, fa parte di me. La mia felicità innata dipende senz'altro anche da questo. L'amore incondizionato, anche se ora lontano, ti rende cosí sereno, internamente forte, sicuro di te e dei tuoi mezzi. La consapevolezza che mamma credeva in me, pensava e mi diceva continuamente che ero bravo, e tutte le sue lodi, mi hanno dato 'confidence', come si dice qui. E quando sono arrivate le sfide, come diventare Direttore a 36 anni o Chairman a 38, non mi sono tirato indietro. Sapendo di non essere un genio, ma anche di non vivere in un mondo di Einstein.

E anche quando ci sono state piccole difficoltà, come il fatto che 14 ore al giorno di studio quasi non bastavano durante l'università di medicina, sí, mi rendevo conto di non essere Einstein. Che c'erano altri magari piú intelligenti. Ma tutti quei complimenti ricevuti negli anni dell'adolescenza da mamma mi rincuoravano che non ero poi male, che ce l'avrei fatta.

Pensa sempre con la tua testa

Mamma si è accorta sin da quando ero piccolo che ero buono. Che, come si dice, non avrei fatto male neanche ad una mosca. E cosí si è sempre fidata di me, ciecamente. Sapeva che non mi sarei cacciato in alcun guaio. Che non avrei fumato. Non mi sarei drogato. Sarei andato a scuola. Avrei rispettato il prossimo. Non avrei rubato. Insomma, che si poteva fidare che mi sarei comportato sempre bene.

Conscia delle tentazioni della vita, e soprattutto delle cattive compagnie, mi ha sempre detto 'pensa con la tua testa'. Che insegnamento meraviglioso. Quando qualcuno ti offre cocaina. O quando qualcuno ti passa un foglio per copiare. O quando gli altri non si impegnano al lavoro, e ti tentano a non fare il tuo dovere. Ecco che quella frase rimbomba nella mia mente. È giusto? No. Risposta facile.

Nella vita devi essere in pace soprattutto con te stesso. Quindi prima di tutto pensa con la tua testa. E poi agisci di conseguenza. Fregandotene di quello che pensano gli altri. Cosí che se ti sembra giusto buttarti nelle fontane quando l'Italia vince il campionato del mondo di calcio, lo fai, anche se altri si scandalizzano. E quando tutti pensano che, visto che puoi, devi diventare Chairman, ma sai che è un lavoro che non ti piace, riesci facilmente a prendere la decisione giusta, quella che ti fa dormire sereno la notte.

Puoi fare quello che vuoi nella tua vita

Mamma voleva che facessi il diplomatico. Vivo in un altro continente rispetto a quello in cui sono nato, e il diplomatico lo faccio ogni giorno. Spero rendendo sia l'Italia che gli USA orgogliosi di me. Sono diventato medico, ostetrico-ginecologo, specialista in medicina materno-fetale, capo di divisione, di dipartimento, di tutti i programmi di specializzazione di medicina materno-fetale degli USA, ecc. Mamma mi ha fatto amare i libri. Cronin era un suo chiodo fisso, il medico-scrittore. Ho scritto già 7 libri, centinaia di articoli.

Devo tanto di ciò al fatto che mamma diceva sempre che io potevo fare quello che volevo nella vita. Lo credo ancora. Qui negli USA, ancora per certi versi la terra dell'opportunità, e senz'altro la terra della meritocrazia, potrei reinventarmi domani, e incominciare un'altra professione, un'altra attività, un'altra avventura.

Papà

Lavora duro che tutto ne deriva

Papà è stato un grandissimo <u>esempio di lavoro, impegno e serietà per me</u>. Ha sempre lavorato moltissimo, impegnandosi al massimo. C'erano settimane che non tornava a casa per niente, rimanendo reperibile a Popoli, a 30 chilometri da casa a Montesilvano. Lui si sentiva molto responsabilizzato come Primario di Ostetricia e Ginecologia. Dal 1973, quando è diventato Primario che io avevo solo 9 anni, a quando sono partito, nel 1984, è stato veramente poco a casa, e quando tornava magari era anche stanco e doveva andare a dormire. Tornava in giacca e cravatta, la sua perenne uniforme fuori casa, ma poi subito in pigiama.

Uno degli episodi che ricordo di piú, e che è esemplare per comprendere il rapporto tra me e papà, è quando lui si è congratulato con me per aver preso 3 in latino (o era greco?). Io sono sempre stato uno studente modello, pieno di 10 alle elementari, Ottimo alle medie, 60/60 al liceo classico, Summa cum Laude in college. Al liceo avevo un insegnante di greco e latino omosessuale, e durante la versione aveva cercato di mettermi una matita nel collo della camicia. Mi ero gentilmente ma decisamente rifiutato. Dai soliti 8 e 9, mi mise, senz'altro per ripicca, 3. Io non ero neanche preoccupato, anche se credo che era la mia prima e unica insufficienza mai presa a scuola. Papà, tornato a casa, saputo del 3 da mamma, era talmente felice che aprí una bottiglia di champagne! Ancora oggi sono un po' perplesso, ad essere sincero. Credo comunque che lo abbia fatto per premiare la mia 'normalità', anche se di bottiglie di champagne non ne ha aperte mai per miei successi scolastici, che io ricordi. Forse essere 'secchione' è antipatico, e ogni tanto sbagliare si può, e non bisogna prendersela. Anzi, forse bisogna celebrarlo se è l'eccezione e non la regola. Papà voleva senz'altro 'tenermi su'. E forse voleva anche insegnarmi che le sconfitte fanno parte della vita.

Sii serio e forte

La serietà me l'ha insegnata in tanti modi. Non ricordo che giocasse con me. Una volta un'amica di mamma disse che si ricordava che lui giocava con me; io francamente non me lo rammento tanto. Senz'altro abbiamo giocato a tennis insieme. Io ricordo di aver piacevolmente giocato da solo quand'ero piccolo, e di essermi divertito un mondo dopo che mio fratello Michele ha fatto 3-4 anni, e potevo giocare un po' a tutto con lui.

Papà invece non mi dava neanche i baci della buona notte. Quando si andava a dormire, lui mi dava la mano, la sua mano grande, sicura, mai sudata. Voleva darmi l'esempio della forza, dell'essere adulto. Anche io do a volte la mano ad Andrea e Pietro, chiedendogli anche di guardarmi in faccia. Ma gli do anche una caterva di baci, certo 10 baci per ogni stretta di mano.

Ah, a proposito della forza. Ora mi ricordo altri giochi... Facevamo a braccio di ferro, e non ho MAI vinto. Lui ha un bicipite enorme, ha fatto canottaggio da giovane. Un'altra cosa che faceva era invogliarmi a dargli dei cazzotti al deltoide, sul braccio. Anche lí, lui non faceva una piega, i miei pugni sembravano carezze. Questo dei pugni che non fanno niente lo faccio comunque anche io con Andrea e Pietro. Credo insegni a capire che papà è forte, e che ci si può contare.

Papà non ha mai gradito che lo abbia superato in altezza. Lui è 1.86, io 1.89, e l'altezza l'ho ripresa senz'atro da lui, e lui da sua madre. Ancora adesso se qualcuno gli fa notare che io sono un po' piú alto, lui si mette sulle punte e fa: " Ma no, non vedi?..." Io, devo dire la verità, non vedo l'ora che Andrea e Pietro diventino piú alti di me. Forse, non so, papà voleva sempre stimolarmi a migliorare, e a dire che non ero ancora 'arrivato' al suo livello.

Una cosa che mi è mancata un po' è che non mi ha mai dato consigli economici. Gli ho chiesto come abbia fatto a pagare per me le cifre altissime (dai 15 ai 25 mila dollari annuali solo di rette, piú vitto, alloggio, ecc.) durante il college e l'università in America. Gli ho chiesto dove ha trovato i 250 milioni di lire per la casa al mare. Risponde sempre in modo vago, tipo: "Ce li avevo". Chissà. È stato bravissimo. È sempre stato un gran risparmiatore. Spegneva sempre le luci a casa appena arrivava, e ci spronava a fare altrettanto.

Negli ultimi 5 anni o giú di lí, è molto cambiato nei miei confronti. Loda i miei successi professionali. Al telefono mi dice sempre che mi vuole bene. Quando ora mi vede, mi dà i baci, non solo la mano. Ancora ora, quando dice che mi vuole bene, queste parole mi colgono di sorpresa, come un fulmine in testa. Ora me lo dice sempre, e sento che il secchio prima mezzo vuoto si è riempito.

Ancora grazie

Carissimi papà e mamma, vi ringrazio ancora di avermi dato l'opportunità e la forza di studiare e lavorare in America. Ho sempre camminato in avanti. Penso quasi sempre, direi il 95 per cento delle volte, al futuro. So di aver lasciato molto indietro, il mio bel passato di teenager italiano. Ma credo che, grazie al vostro costante supporto, abbiamo fatto del bene, a tanti. Sia direttamente, aiutando tante donne e tante famiglie ad avere gravidanze sane e figli sani, ma anche indirettamente, con l'esempio. Voi due mi avete insegnato, piú che con qualsiasi altro metodo, con l'esempio. E io vi ho copiato, cercando di fare altrettanto con tutti quelli la cui vita si è incrociata con la mia. So che avete fatto un sacrificio grande quanto il mio, avendomi e sapendomi a 5337 miglia di distanza. Spero, e ne sono quasi sicuro, che abbiate capito che è stata una bella missione. Senza accorgermene, sono pian piano entrato a far parte di un giro piú grande di me. Lavorando quasi sempre, ogni giorno, 12 ore o piú per migliorarmi come clinico, ricercatore ed educatore, ho partecipato e continuo a partecipare all'attacco locale, nazionale e mondiale contro la malattia, la sofferenza, la morte materna o fetale-neonatale. Forse è perché sono cosí 'immerso' nel mio impegno (altri lo chiamerebbero lavoro), ma non conosco scopo piú alto, piú desiderabile. Il vostro è stato un enorme sacrificio. Il mio impegno è sempre stato innato e spontaneo, e anche spinto dalla speranza di tramutare la vostra tristezza in orgoglio. Di capire che la vostra rinuncia era stata il bene (lo spero!) per tanti altri.

Messaggio

<u>Vivrete per sempre</u>

I figli sono il nostro futuro, quindi io Anna e Michele siamo il vostro. Vivete in noi. Sono sicuro che continueremo ad 'attingere' da voi, e diventeremo sempre di piú come voi, una vostra 'estensione'. I nostri figli imparano da voi, e soprattutto da noi genitori, che siamo un po' voi. Quindi vivete già anche nei vostri nipoti. E cosí via, ai loro figli, e ai figli dei figli.

Non si muore finché si è ricordati, e noi vi ricordiamo e ricorderemo sempre. Di piú: voi vivete in noi. Sicuramente vedete in noi aspetti nascosti (e non) di voi stessi. In tutto quello che faccio, e in tutto quello che sono, c'è un po' di voi. E' meraviglioso sentirvi vivere nel mio cuore.

Copertina
Papà e mamma;
Central Park, New York, 1990

Back cover
Mamma, papà, ed io;
Teramo, circa 1966-67

Ringraziamenti
Pier Luigi Santangelo

www.ingramcontent.com/pod-product-compliance
Lightning Source LLC
Chambersburg PA
CBHW032113040426

42337CB00040B/508